ÉPÎTRE
AU
DUC D'HAVRÉ.

ÉPÎTRE

A MONSEIGNEUR

LE DUC D'HAVRÉ ET DE CROÏ,

PAIR DE FRANCE,

GRAND D'ESPAGNE DE PREMIÈRE CLASSE,
PRINCE DU SAINT EMPIRE,
LIEUTENANT-GÉNÉRAL DES ARMÉES DU ROI,
GRAND'CROIX DE L'ORDRE ROYAL ET MILITAIRE DE SAINT-LOUIS,
CAPITAINE DES GARDES DU ROI, ETC., ETC.

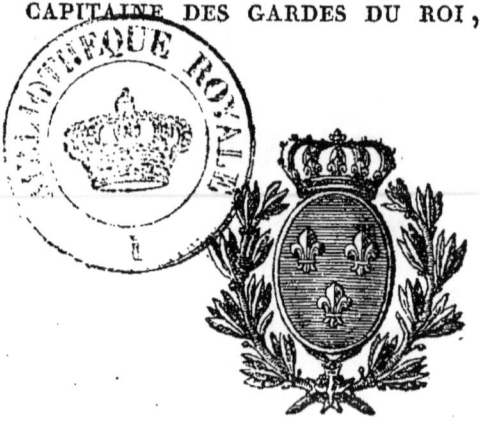

PARIS.

J.-M. EBERHART, IMPRIMEUR DU COLLÉGE ROYAL DE FRANCE,
RUE DU FOIN SAINT-JACQUES, N° 12.

1816.

DÉDICACE.

*M*ONSEIGNEUR,

S'IL *suffit d'abjurer ses erreurs, d'avouer ses torts et d'en rougir, pour en obtenir le pardon; si le repentir a pu devenir un titre à l'affection de celui qu'on avait outragé ; que ne méritent pas ces Français généreux que la corruption n'atteignit jamais ? et qui, toujours dévoués aux plus pénibles épreuves, toujours marchant dans le sentier de la vertu, n'ont cédé ni à l'influence d'un exemple contagieux, ni aux menaces du danger ? Signaler donc ce rare mérite à la reconnaissance publique, et payer à ces courageux dépositaires de l'honneur français, le tribut d'éloges et d'admiration dû à leur dévoûment et à leurs sacrifices : tel est le but de cet ouvrage.*

Ces modèles de fidélité étant heureusement trop nombreux pour qu'il fût possible de les louer chacun en particulier ; il a fallu en choisir un d'entre eux dont l'éloge fût applicable à tous, et dont la noble image pût servir de miroir à ses pareils. Ce beau type était l'objet de mes recherches, lorsque, parmi les noms illustres qui se présentèrent en foule à mon esprit, le vôtre, MONSEIGNEUR, *vient se placer le premier sous ma plume, se marier à mes rimes, et féconder ma pensée. Je m'en suis donc servi, moins pour louer vos mérites, que pour en répandre l'éclat sur tous ceux qui, comme vous, nous ont conservé pure l'antique tradition de nos mœurs et du caractère français. En un mot, célébrer, sous votre nom, le retour des vertus sur lesquelles reposent l'oubli du passé et l'espoir de l'avenir : tel est le motif qui m'a guidé dans le choix que j'ai fait de vous pour mon héros.*

L'éloge d'un si fidèle sujet, la contemplation d'un si beau dévoûment m'ont conduit naturellement à louer aussi le digne Souverain qui en est l'objet, et je n'ai pu me prescrire une tâche si glorieuse, mais si difficile, sans m'étonner qu'un talent plus exercé que le mien ne l'ait pas entreprise avant moi. Le silence des muses, à une époque qui semble pourtant ouvrir la carrière au génie, avait besoin d'interprétation : j'ai dû la faire en badinant pour apprivoiser leur repentir et les familiariser avec leur honte ; mais après avoir caractérisé le mal, en indiquer le remède, en assigner le terme et décrire les heureux effets de la guérison : tel est le cercle d'idées qu'a parcouru mon esprit ; tel est le plan de ce poëme.

Il me reste maintenant, MONSEIGNEUR, à vous demander votre agrément, non que je croie en avoir besoin pour publier cet ouvrage : votre gloire est un bien commun qu'il est permis à tout Français d'exploiter à sa guise, et dont vous ne pouvez revendiquer l'usage exclusif, sans porter atteintes aux propriétés nationales ; mais pour faire excuser le peu de mérite de cet opuscule, je sens qu'il ne faut rien moins que votre protection, et pour la lui procurer, je compte plus sur les sentimens qu'il fait supposer que sur le foible génie qui les exprime : si mes vers n'annoncent pas un grand poète, au moins décèlent-ils un bon Français ; et s'ils ont quelquefois atteint le but, on doit leur en savoir d'autant plus de gré, qu'ils ne reçoivent la lumière que de reflet, et que tous les tableaux qu'ils tracent sont peints sur copies. Au moins ne pourra-t-on pas dire, qu'un intérêt personnel, un esprit de système ou de parti ait guidé mon crayon, puisqu'étranger à tout ce qui se passe depuis long-temps, je n'ai vu ni s'écrouler le despotisme, ni se relever le trône de nos Rois. Les traits d'aucun Bourbon n'ont encore frappé ma vue; le bonheur qui commence à luire pour la France n'est encore qu'un songe pour moi : quoique dans l'âge où l'on n'est indifférent pour rien, je n'ai participé ni à la douleur ni à la joie dont j'étais environné : j'ai des yeux, et n'ai rien vu; j'ai des sens, et n'ai rien éprouvé; mon cœur seul a tout deviné, et ce n'est que son ouvrage que je vous offre ici, MONSEIGNEUR, et que je vous prie d'agréer.

J'ai l'honneur d'être, avec respect,

MONSEIGNEUR,

Votre très-humble et très-obéissant serviteur,

DE ✱✱✱.

ÉPÎTRE

A MONSEIGNEUR

LE DUC D'HAVRÉ,

CAPITAINE DES GARDES.

De nos preux Chevaliers, noble et vivante image,
D'Havré, Bayard du siècle, et Nestor de notre âge!
Pur rayon de cet astre, un moment éclipsé,
Devant qui fuit l'orage, en éclairs dispersé;
Tu reparais.... soudain les vertus refleurissent,
Et nos antiques mœurs sur tes pas reverdissent.
La valeur, désormais, esclave de sa foi,
Va disputer de gloire et d'honneur avec toi.
A ton école instruit, formé sur ton modèle,
Le Français, pour son Roi, vit et mourra fidèle.
Dans ses veines encor pétille ce beau sang,
Ces traits qu'il eut toujours sous le panache blanc.
Pour n'y forfaire plus, ta vie est sa boussole,
Ta loyauté sa règle, et Louis son idole.

Grâce à toi, ce problême est un point arrêté :
Qu'on peut à la vaillance allier l'équité ;
Savoir braver la mort et pourtant savoir vivre ;
Défendre son pays sans être un soldat ivre.
La Patrie est partout, et n'est dans aucun lieu :
C'est la Religion, les Lois, le Prince et Dieu.
A Coblentz, à Venise, en Suisse, en Allemagne,
Partout où va Louis, la France l'accompagne ;
Et *Désiré* partout à Paris rentre-t-il ?
C'est nous, et non pas lui, qui revenons d'exil !
Oui, notre cher pays sur sa tête repose.
La France en est le nom, mais Louis est la chose :
Son cœur souffre nos maux, ses yeux versent nos pleurs,
Et nos destins font seuls sa joie ou ses douleurs.
Dis-nous, d'Havré, les soins de ce pieux Énée,
Lorsqu'avec lui la France errait, abandonnée ;
Dis-nous ses soins touchans pour un Peuple égaré,
Devenu parricide, et du Ciel exécré.
Quoi ! lorsque nos fureurs s'abreuvaient de ses larmes,
Il souhaitait, dis-tu, le succès de nos armes ;
Et, mort son ennemi, tout Français au cercueil,
Redevenait un fils dont il portait le deuil ?
Toi donc, qui de cette ame as vu toutes les phases,
Révèle-nous, d'Havré, tes secrètes extases.
Dis-nous ce qu'est ton Roi, s'il est ange ou mortel ;
Si ce présent nous vient de la terre ou du ciel.

Ce n'est point un torrent, ou la foudre qui gronde,
C'est la Paix qui voyage et fait le tour du Monde;
Ce n'est point un despote irritant ses sujets;
C'est un Père indulgent réprimant nos excès.
　　L'hydre, en vain, semble encor s'attacher à nos traces;
Hercule est parmi nous et rit de ses menaces.
Dans la fange, à ses pieds, le monstre mord son frein,
S'agite, écume, et meurt de son propre venin.
Contre son souffle impur Louis est notre égide,
Et l'objet de nos vœux est l'effroi du perfide.
Nos cœurs ne brûlent plus que de ce feu sacré,
Naturel aux Français et si pur en d'Havré....
D'Havré!... l'ame, à ce nom, secoue un poids pénible;
La vertu semble aisée et le crime impossible.
On croit avoir, en songe, été parjure, ingrat,
Avoir deux fois commis le plus noir attentat,
Deux fois, au front des Rois arraché la couronne,
Et deux fois outragé la vertu sur le Trône.
On doute enfin des maux qu'on a faits ou soufferts,
En le voyant si calme, au sortir des revers;
Et de l'honneur de tous, noble dépositaire,
Il est du nom français, le garant solidaire!
On revendique en lui, comme son propre droit,
Ce qu'il fit pour son Prince, et ce qu'il en reçoit.
Leur amour mutuel se confond dans le nôtre,
Et les vertus de l'un font la gloire de l'autre.

En ses sujets Louis s'admire et se complaît:
Un bon Roi n'est heureux que du bien qu'il a fait.
Et l'encens à d'Havré ne paraît un hommage,
Qu'autant que de Louis y rayonne l'image.
Mais si pour les chérir il suffit d'un cœur pur,
Pour tracer de tels traits il faut un burin sûr
Qui, dans le diamant, les grave et les incruste
Parmi les noms fameux de Mécène et d'Auguste.
Le siècle, en un mot, doit, sous ce règne éclairé,
Un Virgile à Louis, un Horace à d'Havré.

Ces phénix, par malheur, ne sont pas près d'éclore:
Apollon dort son saoul en attendant l'aurore,
Il fait nuit au Parnasse; en friche est ce vallon,
Où le laurier d'Homère a fait place au chardon.
Déserts sont ses bosquets, à sec est l'Hypocrène,
Et Pégase, sans maître abandonne l'arène.
D'où vient donc, diras-tu, qu'à l'aspect de Louis,
Phébus garde, muet, ses trésors enfouis;
Quand récemment le Pinde, aux Vandales en proie,
N'offrait partout qu'extase, encens et feux de joie?
C'est qu'un air pur saisit les animaux abjects,
Et que le moucheron bourdonne aux lieux infects.

Permets, à ce propos, d'Havré, que je te conte
L'affront qui des Neuf-Sœurs cause la juste honte:
Un de nos Phidias, dit-on, sans le vouloir,
De son marbre avait fait un monstre horrible à voir.

Un torse était planté sur deux pattes fourchues,
A deux bras décharnés pendaient deux mains crochues.
Un bloc, au lieu de tête, imitant le chaos,
Courbait ce frêle Atlas, et pesait sur son dos ;
Son crâne modelé sur celui de Pandore,
Retraçait tous les maux que la terre déplore ;
Et Gall le crânologue, après l'avoir tâté,
Y reconnut le crime à sa concavité ;
Un poil touffu masquait son œil creux et farouche,
Des dents de sanglier écartelaient sa bouche,
Où des flocons d'écume, en relief sur ses bords,
Infectaient au regard et puaient le remords.
D'écorce revêtu dans toute sa surface,
Sur le cœur en était une triple cuirasse,
Dont la croûte galeuse et l'immonde épaisseur,
D'une ame gangrenée annonçait la noirceur.
Aussi le statuaire à ce morceau d'étude
Avait-il su donner une heureuse attitude :
Sur quatre ais de sapin, recouverts d'un velours,
Accroupi comme un singe, était assis cet ours :

   Tel on peint Danaüs, au moment où l'infâme,
Sur un présage vain qui tourmente son ame,
A ses filles enjoint d'égorger leurs époux ;
Arme et conduit leurs bras, marque et compte les coups ;
Et craignant que leurs mains, ou faibles ou trop tendres,
N'aient ménagé la vie à quelqu'un de ses gendres,

Il se fait apporter les poignards teints de sang ;
Voit s'ils fument encor, s'ils sortent bien du flanc ;
Et trouvant un bourreau dans chaque Danaïde,
Il sourit de tendresse à sa race homicide....
Tel était ce chef-d'œuvre ! Eh bien ! le croirais-tu ?
Ces traits eurent le prix sur ceux de la vertu !

L'Olympe est assemblé : chacun, sur la statue,
Porte un œil scrutateur, et promène sa vue.
« Qu'il est beau ! qu'il est noble ! entend-on de partout,
« Quel style ! quels contours ! que de grâce et de goût !
« Mais quel est ce Héros ? car on peut s'y méprendre,
« C'est pour le moins César ou le grand Alexandre ! »
En tout temps, comme on voit, il est des Marsias,
Et pour les couronner de stupides *Nisas*.
« Mes Sœurs, vous vous trompez, dit alors une Muse,
« C'est Trajan, faisant grâce au crime qui s'accuse. »
Cet avis plaît, chacun reconnaît son erreur,
Et voilà mon magot qu'on proclame Empereur !
L'Opéra, sur-le-champ, met ce fait en musique ;
Joint la pompe romaine au faste asiatique ;
Et tout Paris, en lui n'admirant que son char,
Par quatre chevaux blancs va voir traîner César.
— Clio dit, n'en déplaise à ma sœur Therpsycore :
« C'est bien plus que Trajan ! C'est Marc-Aurèle encore ;
« C'est l'excellent Titus, le grand Vespasien,
« C'est d'Antonin-le-Sage et l'air et le maintien ! »

— « Muses, dit Apollon, vous extravaguez toutes,
» Et dégradez les arts par vos puérils doutes;
« Cette œuvre, à vous ouïr, n'est qu'un portrait banal,
« Tandis que dans l'Olympe est son original :
« Oui, c'est parmi les Dieux, que ce séjour rassemble,
« Qu'il faut pour le louer, chercher qui lui ressemble. »
   Cet oracle, à l'instant met tout l'Olympe en feu !
C'est à qui briguera l'honneur d'être ce Dieu.
Jupiter est d'abord celui que l'on confronte;
Mais il faut l'avouer, c'est encore à sa honte :
Le souverain des Dieux manque de majesté,
Et n'a pas cet aspect de magnanimité ;
Mars n'est qu'un caporal près d'un si beau modèle;
Vénus n'ose avouer qu'il ait triomphé d'elle :
Neptune est, tout au plus, un patron de bateaux;
Et l'amoureux d'Omphale, avec tous ses travaux,
Hercule!... est un Pigmée auprès de cet Alcide...
Regnault fait son rapport; et l'Institut décide :
Qu'à défaut de pouvoir encor le loger mieux
Le héros prendra place et rang parmi les Dieux.
Mais qu'en ce poste ingrat, de peur qu'il ne s'ennuie,
Il sera détaché de cette Académie,
Un savant, fin matois et novateur subtil,
Pour aller dénicher, à ses risque et péril,
Soit un monde inconnu, soit un nouveau système,
Et plus haut que les Cieux et plus grand que Dieu même;

Et qu'enfin, aussitôt que ce rang sera prêt,
A Sa Majesté-monstre, hommage en sera fait.
 Figure-toi, d'Havré, les transports d'allégresse
Qu'en tous lieux excita cet édit du Permesse :
 Au pied d'un chêne mort vermoulu par le bas,
As-tu vu des fourmis s'amasser en un tas?
Porter, l'une un fêtu, l'autre un œuf plus gros qu'elle;
Ici gravir un gland; là courir pêle-mêle;
Et d'un manoir mobile, ambulans charpentiers,
Sans cesse en mouvement, et toujours par milliers
Former, de bois menus, de brins d'herbe et de sable,
Un petit univers, au piéton redoutable;
Et qu'en tombant le chêne écrase tout vivant?
Fourmillière et fourmis, sont le jouet du vent.
Eh bien, tel en son nid s'agite cet insecte;
Tel on vit des auteurs se démener la secte.
 Libraires, imprimeurs, sont dès l'aube éveillés;
La presse en a sa charge, et fait feu de tous piés.
La nation lettrée est l'âne du bonhomme :
Elle croit caresser, point du tout elle assomme !
De corbeaux croassans s'obscurcissent les airs;
Il tombe à verse, il pleut de la prose et des vers.
Le théâtre se change en une halle obscène;
Melpomène, en sabots, vient hurler sur la scène.
Le squelette d'Hector y séduit un tyran,
Et reçoit de sa main deux mille écus par an.

Thalie avec Etienne y fait mauvais ménage,
Elle aime à rire, et lui se croit un personnage.
Un emploi lucratif lui va mieux qu'un laurier ;
L'Intrigante, en mourant, l'a fait son héritier.
Les éternels Barré, Radet et Desfontaines,
Ont d'à-propos sucrés toujours les poches pleines ;
Jouy fait de l'esprit, Dupaty du pathos ;
Bouilly ne rime à rien, Vigée à tous propos.

   Bien plus fous sont encor les amans de la lyre,
C'est là qu'en tout son jour se montre le délire,
Non celui qui d'Alcée enflait jadis le ton ;
Mais celui que la douche appelle à Charenton.
A quel régime, hélas ! on te met, Polymnie !
Millevoie est pur... Soit. Mais tu veux du génie.
Baour, le lourd Baour ! te fait, dit-on, la cour...
Eh ! ce n'est pas pour lui que se chauffe le four.
A les entendre tous, leur verve les consume,
Et ce sont des glaçons qui tombent de leur plume !
Enfin, tu vas savoir jusqu'à quel point, d'Havré,
Un sot et faux encens peut être exagéré.
L'airain, de cent un coups, frappe un jour notre oreille
Ce n'est pas un sujet, certe, à crier merveille.
Devine le fatras qu'ils ont fait là-dessus.
Des jeux de Mars tu crois qu'ils ont peint les abus ;
Tous les pleurs qu'a coûté cet instrument de guerre ;
Ses sons vibrant au cœur d'une épouse ou d'un père ;

Une mère, en sursaut réveillée à ce bruit,
Cherchant de son amour et l'objet et le fruit;
L'un conjurant le Ciel de désarmer sa foudre,
Et l'autre maudissant l'inventeur de la poudre:
Oui, du bon sens, voilà le langage et le ton.
Mais eux, tout au rebours. « *Honneur, gloire au canon!*
Par qui, seul, sur la terre, on se rend redoutable!
Rien n'est beau que tuer! Tuer, seul, est aimable!
Une grue affamée est le Roi qu'il nous faut;
On fait, en le croquant, trop d'honneur au badaud.
C'est mourir tous les jours que vivre sans alarmes;
La guerre est un besoin, l'homme est né pour les armes;
Et ce qui constitue un chef de nation,
C'est du salpêtre, un sabre, et la conscription. »
Au grand regret du goût, et surtout du libraire,
Il existe un recueil, ou plutôt un repaire
De ces chansons. J'ignore *ubi liber jacet*,
Mais l'éditeur en est Lucet, *qui non lucet.*
Grand *Sphinx*, qui donne et prend les chardons pour des roses,
Devine, si tu peux, et lis-le*, si tu l'oses.*

 Concluons: Qu'on ne peut trop peser ses discours;
Une action s'efface; un écrit vit toujours;
Et non plus que l'oiseau qui de sa cage échappe,
Un mot, dès qu'il est dit, jamais ne se rattrape.
La débauche et le vin rendent-ils indiscret?...
On se couche, et l'on dort dans les bras du regret.

Voilà, d'Havré, l'état où se trouvent les Muses :
Le repentir les rend timides et confuses.

Mais bientôt recouvrant toute leur chasteté ;
Retrempant leur orgueil dans les flots de l'Ethé ;
Tu les verras encor sur leur char de lumière,
De lis et de lauriers parsemer la carrière.
Aux grands siècles toujours préludent les revers,
Comme aux plus beaux printemps, les plus rudes hivers.
C'est au triumvirat que l'on dût l'Énéide ;
Milton dictait ses vers au bruit du régicide.
Et la fronde enfanta ces astres glorieux,
Dont le Pinde Français brille encore en tous lieux.

Notre âge éclatera parmi ces temps célèbres ;
Louis ne doit pas, seul, en percer les ténèbres :
Le soleil ne sert pas qu'à régler les saisons,
Il féconde la terre, et mûrit les moissons.
Le génie, à sa voix, développant ses ailes,
Ira pour lui, cueillir des palmes immortelles ;
Les beaux arts, de son règne, attestant les bienfaits,
Par de grands monumens acquitteront la paix ;
Et sans avoir recours aux chefs-d'œuvre des autres,
Le Musée, à l'Europe, opposera les nôtres ;
Lui prouvant que c'est peu de posséder un fruit,
Sans l'arbre qui le porte et l'air qui le produit.
Et que ces *orphelins*, qu'a dispersés la guerre,
Pleurent, loin de la France, une seconde mère.

Tous les écrits seront dictés par la raison.
La vertu deviendra notre diapason.
C'est, en effet, l'unique et véritable route
Par où l'esprit s'élève à la céleste voûte :
On peut suppléer l'art, mais non le sentiment ;
Et l'ame est, des beaux vers, la source et l'élément.
Épurez donc vos cœurs, vous qui voulez écrire ;
Soyez vrais, pensez juste, et l'on pourra vous lire.
Que règnent Tamerlan, Genseric, Attilla...
Ne perdez pas votre encre à louer ces gens là.
Sage avocat jamais ne prend honteuse cause :
A passer pour un sot, qui prône un sot, s'expose.
Le mal est toujours laid, le bien est toujours beau,
Et le cadre n'ajoute aucun lustre au tableau.
Un bon Roi règne-t-il ? Par quelque œuvre sublime
Prouvez-lui votre amour en gagnant son estime :
Qu'une rente au trésor, qu'un siège à l'Institut,
De vos efforts surtout ne soit pas le seul but ;
Et si de tels honneurs vous tombent en partage,
A trancher du faquin n'en bornez pas l'usage.

Hélas ! pourquoi le Ciel, secondant ses élans,
N'a-t-il pas à mon cœur mesuré mes talens ?
On verrait le génie en toute sa puissance
Renverser les faux Dieux que le vulgaire encense ;
Au joug de la morale, asservir tous les cœurs ;
Ranger tous les esprits sous le sceptre des mœurs ;

Désabuser l'erreur en lui montrant les piéges
Qu'ont de fleurs recouverts des œuvres sacriléges ;
Et d'éternels attraits ornant la vérité,
Même aux plus dépravés faire aimer l'équité.
Puis, immolant pour elle, et pour l'honneur des lettres,
Tant d'écrits si pervers ! tant d'écrivains si piétres !
Ne plus laisser l'ivraie infester nos sillons,
Et pour jamais fermer la ruche à tous frélons.
Sans devoir à l'intrigue et mon rang et mon lustre,
Voilà par quels travaux je voudrais être illustre.
Si je n'en puis pas seul soulever tout le poids,
J'en puis porter ma part, ou du moins, je le crois.
Apprenti sur le reste, en un point je suis maître :
A mon essai bientôt on le verra peut-être.
Mais, pour cela, d'Havré, j'ai besoin de loisirs,
Et les soucis rongeurs entravent mes désirs.
N'importe, de ton Prince obtiens-moi le suffrage,
Et je n'écoute plus alors que mon courage.

FIN.

www.ingramcontent.com/pod-product-compliance
Lightning Source LLC
Chambersburg PA
CBHW060638050426
42451CB00012B/2663